ETERNO COLOR DE OTOÑO

Yoanna Mojón

ED RILKE

Eterno color de otoño

Primera Edición 2025

© Yoanna Mojón 2025

© Ediciones Rilke.
http://www.edicionesrilke.com
editorial@edicionesrilke.com
C/Dr. Fleming Nº 50, 4ºD
28036 Madrid
Teléfono: 34 91 345 38 17

ISBN-13:978-84-18566-58-5

Depósito Legal: M-13560-2025

ETERNO COLOR DE OTOÑO

YOANNA MOJÓN

AGRADECIMIENTOS

A Alex, por estar siempre conmigo, juntos el miedo no existe.
A mi madre y a Eric.

INTRODUCCIÓN

Paseo por el tiempo de la mano de la poesía y ya es la hora.
Regreso a casa y en mis pasos, pulso teclas de un piano que
toca mis pensamientos. Llega de nuevo esa belleza indiscutible
que tiene, eterno color de otoño.
Cae la noche y la ciudad duerme más profundo que nunca.

SEPTIEMBRE

SEPTIEMBRE AMARILLO INDIO

Recorro el camino de los nudos de una cuerda
Estoy caminando y a la vez en un nudo constante

SEPTIEMBRE AMARILLO INDIO
9 días de otoño

La noche es un poliedro, una larga soga
Cada amanecer fallo todas las letras y cae la trampilla
No hay nadie más en mi cama
Sonrío a casi todos, a veces porque quiero
Recuerdo sentir que iba a parar el tiempo
Que iba a romperse el plato, a explotarme el alma
No es más que otro verano que se va

Cuando la piel me traga y vuelve esa imagen recurrente de
estar en el interior de un útero
Oigo latidos
Busco en la oscuridad y en el vaivén del líquido amniótico
Qué lejos queda el mar
Corto el horizonte, pero cuanto más corto más se alejan las olas
Arrastran el mundo y dejan una estela vacía
Latidos, sístoles y diástoles desorbitadas
Gritan auxilio, han perdido el ritmo y esperan el amanecer
como una oportunidad

Sueño el campo de amapolas como un gran tablero de ajedrez
Los peones se tumban sobre el rojo
Soy las blancas, salgo
Soy el otoño invertebrado y veo al caballo en el punto de
partida
También hay naipes en tu ausencia y me la juego en un truco
absurdo
Voy a derrotar al rey en esta marea de picas y corazones
Tengo un as en la manga

La roca que vigila el horizonte dirige la espuma de las olas con
las pupilas
No tiene miedo, no necesita voz
Es de piedra y el mar no puede callar su frío
Mira al frente
Se impone, como hace la noche cada vez

Yo soy la palabra, la poeta, la poesía
Soy la bala, el gatillo y el agujero
El dedo y su mente, el segundo y su impulso
Soy el camión de la basura recogiendo a todos los insomnes
Si escribo la bala y disparo la poesía con el índice en blanco
Si acuno ojeras y decoro verdades tal vez sea una poeta de
palabra
Un impulso que mata segundos a lápiz

Con dos pies y tres latidos
Los pies arrítmicos, los latidos descalzos
Llego al final de la playa y me sumerjo en el mar
Respiro desde la espuma de las olas al principio
Hasta la sal y la penumbra cuando ya el agua me cubre la
cabeza
No siento asfixia, nada me preocupa
Me muevo por el fondo lejos, voy a llegar a mi sueño
Caminar la línea infinita
Estoy dentro de lo imposible, no veo a nadie y no tengo miedo
Es rosa, es de fresa, es tan largo
El horizonte es un trozo de chicle

Cuando el mundo se apaga y no
Las flores se acurrucan y los tristes
Porque los tristes nos estiramos después, en los créditos de la
película
Veo muchas personas infartadas y no soy sanitario
Escribo y mis ojos ven corazones explotados inertes en las
pantallas
Como tomates maduros grimosos

A las doce, sentada en el pensamiento
Decido levantarme y dejar a la noche parirme
Tablero de ajedrez con el blanco vacío, soy un peón
contorsionista
Vivir en la sociedad es como meterse en una maleta
Termino en posturas difíciles o al menos extrañas
Salto por los cuadros en negro queriendo abarcar con mi luz
A las doce y cinco firmo, me pica el pie izquierdo con rabia

Estallo y soy mil partes de nada
Estallo sin ruido, sin nueces
Vigilo a tientas que todo se siga moviendo
Si me disparas esquivo la bala con un paso elegante
Si me vas a besar soy solo una ilusión
No intentes pegar mis descosidos, no voy a quedar bien
Deja que me rompa otra vez mañana

OCTUBRE

OCTUBRE NARANJA CALABAZA
OCTUBRE ROJO RUBÍ

Quiero ser de piedra, me duelen las terminaciones nerviosas
A veces soy de piel por las dos caras

OCTUBRE NARANJA CALABAZA
16 días de otoño

Y de repente al oír tu voz vuelvo a caer aquí
En el centro de la partida, en la X del mapa, en mitad del océano
Soy el nacimiento de la tormenta
Una hilera de rayos ilumina intermitente mi camino
Estoy situada y en la nada a momentos
Soy trueno, retumbo
Una luz se descubre en mi horizonte y a la vez en mi interior
Eres tú, sabiendo que voy a llegar a abrazarte
Repitiendo mamá las 321 veces que he llegado a contar en las tardes de otoño
Tus ojos van a encontrarme porque me crees
Aunque soy el centro de la tormenta, para ti sueno a nuestras canciones preferidas

Te leo por detrás de las orejas
Casi en las patillas de las gafas
Son grandes palabras que me asustan
Sí, a mí también

Habré roto el tiempo y cada minuto era expectativa
Que haré sujetando la bola del mundo con mis yemas
imprecisas
La mentira con la nariz más larga si las primaveras no traen tu
perfume, si no es primavera
Nada se mueve, ni los piojos
Hay otro escalón o bajar cayendo hasta la realidad
Que no es tan fácil ni existe y aun así me asusta quedarme aquí
subida

BOM BOM BOM BOM
No es un corazón, tierra en los ojos
Fuego dentro y fuera, asfixia y terror
Una condena que lo deja todo vacío
Todo lleno de pequeñas lágrimas afiladas
Profundos océanos de errores obligados

Me quito un poco del mundo, pagaré las consecuencias
Ahogo gritos, dedos rotos, manos atadas
Arrastrar los pies me cuenta lo real que soy
No quiero estar
Grítame, yo no me atrevo
Escárbame ojo a ojo con las uñas
Puedo rasgarme la piel con la mente, respirar duele
Llena de vacío me quito un poco del mundo
Pagaré las consecuencias
Y qué

Y a la vez no, mientras el planeta gira
Grito a lápiz cuando he tenido que callarme algo importante
Salto hondo si me asusto, los días parecen iguales y a la vez no
Subo al giro y silencio el grito al leer versos en voz alta
Necesito contar si he visto la primavera colarse en mi otoño
La música de la intrusión mezclada con pedazos de cristal
Me gusta decir soy en los poemas
Soy un árbol que se agita en la noche y dirige la orquesta
Soy el público y el coro
Soy un calcetín de lunares detrás de la puerta

Si busco las palabras, no encuentro su belleza interior
Quiero escuchar de forma pasiva
Dejar que se mezcle el camión de la basura con innumerables
pensamientos
Pasear calmada por el desorden de mi orden
Donde nacen respuestas que no son de ninguna pregunta, que
no tienen madre
Hay tantos poemas huérfanos, se posan de madrugada en los
cuadernos de los poetas
Se vuelven un punto en el centro de la hoja
Alguna vez he sido uno de esos poemas, a oscuras, en el centro
de la cama
Encogida en un intento de borrar el mundo
Con las garras de la soledad acariciando mi rostro, cuando
nadie pregunta por mí

Soy un trazo a lápiz en el folio, un rostro desdibujado
De mancha a garabato, de pato a lirio
Delirios y colores salvajes
Una unidad y decena si es necesario, no cero coma tanto
Un poema a medias, eso sí suelo ser
Estoy latiendo con soltura a este otoño raro

No me gusta el 100, voy a inventarme otro
Uno que diga lo linda que se mezcla la lluvia con Tchaikovsky
Suena a querer quedarse toda la tarde entre cuadernos
A calles vacías, espacio y libertad
Crezco en la combinación y soy una Alicia muy alta
Veo desde casa el más allá de mi nariz, es bello
Y no es inalcanzable, solo es llegar al otro lado de mí

No me queda aire hermano
Caigo en el silencio de tu alma
Te veo en llamas y solo puedo arder contigo, el fuego nos
devora
En apariencia nada nos une, en la realidad nada nos separa
Me estoy tragando el humo de tu incendio
Bocanadas de humo negro que acarician mis pulmones cuando
lloras hacia dentro así de largo

Tengo hilo desde el estómago hasta la boca enredado en la
lengua
Tira suave para evitar las arcadas y te cuento la historia
Creo que ya nací antes de nacer
Pierdo los colores y floto por encima de las cuerdas de los
violines que escucho para volver a aparecer
Algunos no me sienten
Si quieres bailar conmigo sigue tirando
Tengo hilo para muchas vidas

Si mi barco tiembla cuando lo mece el mar
Si ruge cuando una mano emerge del agua oscura y le arranca
las alas
Se lleva su vuelo y sus lugares impensables
Ay mi barco
Que yo no entiendo de astilleros, pero se queda un esqueleto
Mi barco no tiene vela porque se la han soplado
Tirita entre mis manos, no sé quién está dentro de cual
A mi barco le canto canciones y si se le para el corazón le hago
RCP
Le cuento ideas absurdas una y otra ola más
La poesía son tres hilos que sujetan mi barco en esta marea rota

Me empapa al instante esta lluvia, esas tardes que se fueron
Hoy no tienen sentido ni las gotas, ni los árboles que deciden
llorar
Mi pensamiento son nudos que a menudo hay que cortar
Luego ya con el nudo se hace lo que se quiere

Era pronto y el dolor se alargaría varias horas más
Te espero en la azotea al caer el sol
No tengo nada que decir, salvo que este pozo es muy hondo y
oscuro
El musgo es muy verde y yo no puedo verlo

La naranja menos redonda, la más dulce
Me doy mil hostias y a lo mejor era suficiente con 33
Quién puede saber cuáles son
¿La realidad tiene madre?

Menos es menos, se me dan mal las matemáticas
Pero la poesía…
Como poeta soy desgarbada y susurro lírica a todos los oídos
que alcanzo
No era blanco y en botella, qué cabeza
Era verde y en bolsa, azul y en mar
En mar con su profunda duda, con sus grietas saladas
Pero la poesía…
En la que no tanto menos es menos siempre, tantas veces
menos es más
¿Es matemáticas la poesía?
16 versos por 3 y mi cabeza vacía hace como que se rinde,
pero no

OCTUBRE ROJO RUBÍ
15 días de otoño

Yo no persigo la suerte, me vuelvo noche en la noche
Cierro los ojos, duermo y confío en la inercia, en el sol de
mañana
Y sí, soy sin consciencia
Solo quiero subir en la noria
Girar
Si ya estoy arriba en la noria, subir en la noria de la noria
Quiero ser el yo de mi yo
Me arriesgo menos de lo que parece, el azar también está
manipulado

Su silencio se traduce a un tormento en la mente
Siente el corazón de plomo
Ha viajado a lo oscuro y no ha decidido apagarse
Sin embargo, no hay bombilla ni sol que le encienda las
mañanas
Quiero decirle tanto, todo lo que me hubiera gustado entender
cuando era una larva y sufría
Decirle que sonría, aunque no tenga motivo
Que se sienta feliz, que se engañe
Que deje romperse el silencio…

La noche como un muelle destensado, no ha ocupado un
balanceo en mi regazo
¿Queda alguien aquí?
La mañana escupe pájaros cantando, las hileras de bocas en
silencio me amenazan
Que nadie se mueva
Voy a rebobinar el tiempo para mirarte a los ojos ahora

Hay gente gritando en las ventanas, el fuego borrará su historia
Tiro del poema, está enredado
Siento el miedo en la nuca y mis dedos curiosos
Qué dirá ese verso y el otro
Qué palabra se ha enganchado que no gira el engranaje
Y el humo no me permite ver con nitidez mi propia felicidad

Cuando dibujo poemas de madrugada, veo los conceptos más
claros
Los tejados de las casas son triángulos, la Luna es redonda
La sociedad es una mierda
Muerdas por donde muerdas la fruta está podrida

Hay días que soy unicornio
Un botón estrafalario en una camisa aburrida
Perseguir un pensamiento puede ser un acto de locura, terminar
enredada en mi propia telaraña
Me pierdo en un interior que nunca termina
Algo me traga, me silencia y en algunas horas me desvanece
Soy una lila en el fondo del mar, en todos los fondos de todos
los mares

No reconozco el sonido de las olas
Será otro mar el que escucho en mi ventana
Aquí dos lapiceros se deslizan por los folios y tal vez cientos
en la inmensidad
Manos de poetas que encuentran poemas en la boca de la noche
En las sombras que da a luz un flexo antiguo, grita como una
mujer pariendo
Te está dejando sostener el mundo
La vida es pararse a ver en el punto más exacto, casi siempre
hay uno de esos puntos
La ventana es un punto de inflexión constante en el hilo de mi
pensamiento

Se encuentran en automático, escuchando el ruido cotidiano y
el rumor de su pensamiento
Escribo a lápiz cada noche la historia que me cuento al oído
La música sigue, pero el tiempo se detiene
El poema es un agujero al País de las Maravillas
Cada vez que lo leo caigo dentro de mí, dentro de mi madre y
de mi abuela
Tengo que crecer y que encogerme
Si me confundo o siento miedo un sombrerero loco me
enseñará lo importante
Escribo a lápiz una playa para escuchar de cerca el mar

Hace años que las horas se han roto
Los segundos me persiguen, los veo como pulgas y ellos me
ven como sangre dentro de una cápsula
Y de repente todo se queda muy oscuro, el sonido casi se apaga
de lento
Cada grano es una lágrima y la arena se apelmaza dentro del
reloj
Hace tiempo que el mundo vive sin tiempo
Por eso a las 10 de la mañana la gente corre por la calle a todas
partes

Cuando la imaginación se gasta y el horizonte se encoge y dura
lo mismo que tienen de largo los ojos
Si la tormenta es solo prisa porque me mojo el pelo y no me
gusta
Llego a casa, me pongo Paganini y con un lápiz escribo lo que
escucho
Otro huevo se rompe en mi cabeza y descubro que la
imaginación nunca acaba
Que soy una hacedora de gallinas pone-huevos de los que salen
las palabras

Me disocio y la vida tiene tanta prisa
Los muñecos se levantan, entran, salen y se vuelven a dormir
Yo no sé si volver ni cómo
Escucho desde un lugar apartado de mi mente
Intento escribir el tiempo y los colores para darle voz a la
historia
Hay muchos muñecos con la boca cosida o con los ojos
vendados
Regueros de nada por las aceras arrastran a los que se salen del
sendero
Son condenados al olvido

Qué difícil hablar de la edad
Ni yo misma sé cuántos años tengo, 12 tal vez, 100 y 3 orejas
6 y 2 bocas, 62 y 7 ojos, qué sé yo
La edad es un número que no sirve para tanto
He nacido varias veces en mi vida con diferentes cifras
La oportunidad era la misma cada vez
APRENDER
Aprender conmigo
Y aunque en mi DNI no pone que he llegado a la vejez, intento
no morirme con frecuencia
Soy como un adolescente, siempre bordeando los límites
Tengo 35 como 79 como 17
Como 4 y a solas pataleo si no me sale el poema

5,30h y el día sigue dormido
Estoy asustada en este tiempo tan quieto
Sin gritos, sin coches
Sola conmigo
Me dan igual las cosas y me preocupan hasta hiperventilar
Diafragmática, hiperventilación
Y así me va
Como fluyendo y arrastrándome, como ganar y perder
Estoy viviendo

Es en sí un micelio, se cuela por cada parte que soy
Me delata este color de que todo se cae
El olor a lluvia en la tierra que mi piel sabe ser
Cada mañana monto el teatro de vivir
Pongo mi paisaje gris con algunas horas soleadas
Si aprendes dónde situarte no tienes frío
Si no me encuentras, tal vez estás mirando en otro otoño

He perdido el pensamiento y todos los ruidos me molestan
La mano dentro del sombrero saca el nombre ganador
Soy yo, me toca hablar
No puedo
Estoy demasiado drogada, cansada, amarrada por agudos
pinchazos que emergen de mi cuerpo
Me quedo callada, no es una elección

327 estaciones hasta la locura
He intentado subir en todas sin perder el tren
Quería llegar segura de estar loca habiendo aprendido cada
gramo del camino, habiendo guardado al menos cada medio
El asfalto, las aceras, las farolas me distraían, las sombras
extrañas de cosas cualquiera
No me rindo
No me rendí intentando ver qué hay detrás de la niebla
Sigo pasando de un lado a otro
En cada estación volví a subir al tren como si fuera un nuevo
viaje
. A en punto llegué a la locura y no tenía dudas de quién era yo

NOVIEMBRE

NOVIEMBRE MAGENTA OSCURO

NOVIEMBRE MARRÓN AVELLANA PROFUNDO

Hoja seca, poema bala de cañón
La vida es una pelota y qué si le doy una patada

NOVIEMBRE MAGENTA OSCURO
15 días de otoño

De repente no dio tono, no fui nadie
Quiero que me escuches
Mis escalas desordenadas y mis arpegios rotos
He perdido técnica siendo recta y era la misma en
circunferencia
Vueltas y más porque soy un lápiz sin goma
Quise tener volumen y era tan imposible
Sí que iba en la tormenta, la que reventó contra el cristal de la
ventana a las seis y diez

La percepción es un laberinto, la realidad es una percepción
Hay más realidades que personas
No sé de qué color es el verde a través de tus ojos
Ni si el miedo es una sombra o unas cuantas palabras
Incluso algo que no existe o un puño que amenaza mi cara
Apunto de abrazarnos soy consciente unos segundos de tu piel
de papel
El deseo nos confunde y el tiempo
¿Hay en algún sillón un señor que cuenta nuestro tiempo?
Tal vez la edad es una mentira
Por qué un hombre joven se enamora de una mujer mayor

Confieso que a partir de las diez y cinco, brillo en la oscuridad
Los últimos granos del reloj caen, es el mejor momento
Largos minutos de silencio
Yo soy la dueña a partir de esa hora, cuando ya no suenan ni el
timbre ni el teléfono
Entonces coloco letras como un puzle, versos danzan en mi
kokoro
A esta hora tengo la palabra y si tengo la palabra vuelo

Sueño que sueño y despierto dormida, con forma de triángulo
isósceles
El día termina de terminar y ya en la cama me siento un
poliedro extraño
Todos mis ángulos son una amenaza y me temo
Hoja de otoño en un vendaval, lejos de su árbol
Mi cuerpo entumecido es largo si la noche dura
Cada vez que vuelo a la habitación el dolor me atormenta
No puedo respirar y pienso en rendirme
Y continúo un día más esperando a que oscurezca para soñar en
el silencio, cuando todavía no tengo esquinas

Empieza la música, no me cuesta sonreír en mi burbuja
Pongo el tejado en el atardecer y me tumbo
Escojo una o dos nubes e invento descaradamente
La mano que sostiene el lápiz es una ventana al multiverso,
al jardín de todas las cosas
Escucho los sonidos en el aire y solo tengo que seguir el hilo

En las grietas de la lágrima estampada, sostenida en las
esquinas de la curva
Arropada por el frío del invierno que soy
Donde cada flor que nace es única
Me duele lo opaco, lo sólido
La poesía dice que mi grito es un susurro constante en el
universo

Todo lo que no me gusta me encanta
Las personas, el mundo, las horas
Arder
Me caigo al cielo y el vértigo me seduce y me da miedo
Quiero correr delante de mañana, reírme cuando ayer me diga
que el futuro es un invento

Yo sé la consecuencia de planchar el tiempo con las manos
frías de haberme muerto tantas veces
He necesitado que las horas no tuvieran arrugas, que algunos
minutos se deshicieran
Pegarme aquellos segundos a la piel y hacer la cama para saber
que empieza el día, porque no veo ningún sol
Lunes, miércoles y viernes cambio de sábanas para no
quedarme atascada en un jueves
O cayendo en un martes, ni soñando un domingo por la noche
Aquel lugar estaba lleno de relojes muy lentos, de historias
tristes y de gritos

Soy de cristal de gafas de culo de vaso
Las miradas me atraviesan y la realidad es borrosa
La violencia me rompe y soy pedazos de lo que fui, si me
queda ser algo
Si la mano del violento no arranca mi respiración
En el caso de que me quede ser algo, me toca
Me toca aun temblando volver a levantar el castillo de naipes
Me toca pegar mis pedazos sin que queden grietas, mirarme al
espejo y volverme a encontrar
Y volver a creer en mí, ahora también por todas

Si supieras que estoy hecha de líneas en papeles
De palabras sueltas por el aire, de arrugas, años e historia
Momentos de silencio, agujeros y de nada y vacíos
Si supieras lo mal que canto en la ducha
Lo bella que estoy en pijama, las caras de mentira que pongo
fuera de casa
Que soy de barro y ceniza y también un libro de bolsillo
Un reloj de cuerda con arreglo
Si supieras
Cada vez que te acercas mi latido pasa de la mitad al doble y
yo solo puedo quererte

No podía salir de fuera de mí
El vacío y yo éramos un ecosistema muerto
No sé cómo me abandoné, intentaba recordar
La locura me envolvía queriendo sentir algo, la llama fue una
luz de aquella película
La piel burbujeando me repugnó, ni siquiera fue como ver la
piel de un extraño
Después el agujero y yo caminamos derretidos
Ahora sé que el vacío también arde

Los pasos del tiempo dejan cada noche una huella distinta
Cada una más irreconocible que la anterior
Son mis fantasmas, mis millones de partes
Las madrugadas no se detienen, nunca estalla el despertador
Amanece y el tiempo camina por mi arena blanca
Quema mi piel para grabar en ella su cara de póker
Me miro las marcas y es imposible no sentir su hilo infinito
enredado en mis costillas

Mi mano derecha es una señora, con la izquierda no tengo
pelos en el lápiz
El frío de este otoño azul afecta a mi ánimo y en consecuencia
a mis siete caras
Necesito romper el hielo para seguir existiendo en la ciudad
Me imagino la roca, la playa, la espuma, la huella que se borra
Unos pies que se mojan suave
Que pisan la arena y se hunden, pero no demasiado
Cuánto habrá de aquí al horizonte
Soy esa piel infinita que sostiene los veleros
Todo siendo zurda, mi mano derecha es una señora

Una moto petardea a media noche, ya no me urge que
amanezca
Tengo las palmas de las manos llenas de agujeros y las
mañanas se me cuelan
Voy con los días volando por debajo de mí
Ya no me urge que se rompan los relojes
Si quiero no siento el tiempo, si quiero el tiempo es para
siempre
Ojalá fuéramos otra mentira y no esta
El color de mis sueños que no puedo inventar, no puedo
mezclar tantos colores
No me urge que amanezca si siempre están los pájaros
cantando

Como un rompecabezas, las razones que mantienen erguido el
mundo
Extrañas, desconocidas e imposibles
El mundo podría tener su final de repente
Y unos dedos de gigante giran las piezas con elegancia e
incomprensible sabiduría
Combinan unas razones con otras y nos sujetan en la cuerda
Nunca hallan la solución, pero tienen tanto cuidado
Es un cubo de Rubik-Schrödinger, el mundo está hecho y no

NOVIEMBRE MARRÓN AVELLANA PROFUNDO
15 días de otoño

Sin saber qué sé y qué no
Hasta cuándo
Sin dormir
Sabiendo seguro que todo gira sin mí y no puedo bajar
Ninguna parte es la salida, tan solo la continuación
Una cinta de Moebius, seguir hasta el principio

El tiovivo no para, no puedo bajar

No comprendo las ataduras de un nudo que ni logro ver

Soy de otro tempo

El mundo va presto y yo sueno más adagio

Los días son semifusas y para mí escribir un poema es un silencio de cuatro tiempos

Qué hare con mis manos borrosas, con esta locura de diferencia sin resta

El giro es vertiginoso y yo soy su presa

La música y las luces engañan a cualquiera

Dos vueltas me bastaron para saber que el tiovivo pararía

Muñeco roto, quién te habrá dado patadas
Las aceras te rozaron la piel y bordillo a bordillo tus huesos se
trituraban
Y no podías mover los brazos
Y no podías abrir la boca
Ya no sirves para jugar, asustas a los niños
Con tu cuerpo inerte, con el rostro sucio
Por las noches tiritas en las calles desoladas
En el delirio te convences de que pararás de no latir y todo
acabará
Pero no como imaginas
El mundo es una mentira cada vez que crees entenderlo

Tengo algo que decir, es algo que he visto detrás de las cosas
En el reflejo de otros ojos
Y quiero escribirlo, mañana habrá algo que decir de nuevo
Esa bolsa rota de plástico que vuela por encima de los coches
Es tan parte del momento
El instante en que resbala la tela y se deshace muy suave la
lazada
Mañana traerá otro día y no es necesario salir del engaño
Solo mirar los infinitos reflejos de otros ojos

Menos mal de mi mundo posado en un elefante
Que sueño y me armo de mí
Y sigo, aún soy libre a ratos, a veces, a tientas
Nadie va a robarme un latido, menos mal

O coserme el mar a los ojos y no perder el horizonte
Lo del norte perdido ya no tiene vuelta
Ni una hora que dé para atrás a la aguja ni miles van a quitarme
la locura
Es mía y la amo
El cambio es un avión que se coge a tiempo o a destiempo
Sin perder la esencia, subir a bordo
Cualquier hora es buena para un cambio de vida

Tú que soy yo
Aplatanada y revuelta
Con hilos que se alargan que me salen de la mente, rodean mi
cuello y lo amenazan
Yo, además, que estoy inmersa en la nada y en ti
Perdida en mi laberinto enciendo la bengala
Porque ahora quiero salvarme de mí
Yo que eres tú

Atrapada en un arcoíris de grises por encima del horizonte
Se rompe, soy una gota cayendo
No vuelvo al mismo punto porque siempre caigo
No salgo de esta locura de dolor
A veces no sé dónde estoy y en la cama no puedo parar de
mover los pies
Recórtame y pégame en el espejo
Estoy aterrada

Tus formas me apasionan
Te agarro y te desvaneces
Te imagino a ojo cerrado, para que no te me escapes
Para no salirme de una curva, al menos no de forma precipitada

Al principio fue la nada
Tú querías tenerme toda y yo era 4000 fragmentos de caracola
y cristal
Y seguía latiendo y cortándome y escuchando el mar
Mi sangre era río en tus manos y en tu ropa
Sabías que tanto era demasiado y seguiste comprimiendo mis
ventrículos
Salpicamos las paredes de mi vida y de tu odio
Al principio fue la nada y después la nada fui yo, pero todo
dura un momento
Rasgabas la realidad con tus uñas sucias
Al final fue el todo y tú te quedaste con lo que no te pertenecía
BOM-BOM BOM-Shhhhh

El otoño con los ojos muy abiertos me deshilacha la espalda
Hasta la niebla se ha ido, hasta la noche se fuga
En mi sueño quedo yo despierta y mi vigilia es larga esta
madrugada
Si suenan canciones tristes en mi mente, el ballet se
descoordina
Una imagen y otra y la azul soy yo, la muerta, la viva, el cisne
negro
Y me sangra la piel cuando me arranco pluma a pluma la
identidad
Si me borro el rostro y soy la sin cara
Si grito de memoria repitiendo mi nombre por si acaso se me
olvida
Recuerda que lo más importante es el reflejo del poema, son las
palabras de mis dedos

Me enloquecen, me confunden y me angustian
Me empujan al peligro
80 voces me hablan y las 80 son mías
Tengo que acertar cual no me miente, debo escoger esa,
la difícil
Me convencen, me amenazan, me acarician y se vuelven de
uñas largas
En mi mente truena cuando estoy callada
Me mojo los pies en los charcos en todos los intentos de
explicar mi nada a nadie
80 voces me consumen y la ansiedad me parte en dos cada tres
minutos y medio
La realidad en la que vives es la película que veo si me apago

Día 3 mentira, el 4 no existirá, el 5 entero pensando en ti
Si pienso tanto en ti o tan poco no puedo inventar el 6
Los meses están muy vacíos, tengo agujero
Tengo mocos mamá
Tengo una estrella que me quema en la palma de la mano
Somos ella y yo brillando en simbiosis
No se lo digas a nadie, hoy el tiempo se detuvo en tu recuerdo
y empezó a borrarte
No tu recuerdo, sino los rostros de las horas
Tengo miedo mamá

Sé que soy mar, pero es inevitable que quiera ser su olor, su textura y su danza
Que quiera sentirme su amplitud y quién sabe si abrazarte con ella
Besar con los ojos que escuchan el nombre de las olas
Pero tu voz se desmonta y caigo aun sabiéndome mar
Y oigo a las ratas que susurran, descalza piso el agua sucia
Mi piel se reblandece y sabiéndome mar, horizonte incluso corazón y diamante
Soy una sombra repleta de arrugas

Suelo de parqué, tacón de aguja azul
Ella baila sola y nadie la mira
Si llueve abre el paraguas sin dejar huella, con sus guantes de
vinilo teñidos de colores
Gira y se abraza y se arrastra para que no todo sea hermoso
Pero lo es, ella es una musa
De sus retinas caen las imágenes hechas verso
Es un suelo que suena a silencio
Vivimos en un mundo que no suena a nada y está lleno de
ruido

DICIEMBRE

DICIEMBRE ESTÁ DESNUDO

Voy a ser un acorde fortísimo de piano en mitad de Paganini
Y correré, dejaré que todos y esa inmensa nada me devoren

DICIEMBRE ESTÁ DESNUDO
21 días de otoño

Hay un pájaro en la boca de la madrugada
Es el viento en mi palma, si la cierro, es la hora que vuela
El párpado de tinta que dicta el poema
Cállate
Tu voz aprieta mis versos en una caricia
Son la hebra de un globo que se fuga
El mar lo engulle y sentada en la orilla el plástico me abraza

No valen treguas ni tratos

La lengua del arrebato es una inmensa oscuridad que lame el fondo oceánico

No es un beso largo sino una sentencia inmediata

A mi vida se le ven los pies descalzos, cuando intenta trepar las olas se pone muy azul

El mar está sangrando y no me quedan tiritas

Calla el día agotadas sus notas
El camión de la basura dice que ya es media noche
Que si grito se me oirá muy lejos pero no habrá nadie
La ciudad duerme
Persianas abajo, calles vacías
Casi todas las cosas están en su sitio
Las nubes han descargado nuestro llanto sobre las aceras
Cada relámpago ha dibujado un instante, cuánto dura un
instante
Un pestañeo, un aplauso, un paso, dos, medio beso
No quiero dormir nunca
Quiero quedarme siendo un instante

Voy en la taza y giro sin parar
A la tercera vuelta del tiovivo ya volé
Solo la música me dice dónde está mi cuerpo
Pero yo estoy contigo y contigo y contigo
Compraré tantos viajes como sea necesario, hasta deshacerme
de la realidad
Voy a quedarme a vivir en tu abrazo y en tu abrazo y en tu
abrazo
Inesperado el tiovivo se para y estoy aquí
El frío me devora y la tristeza
Están sonando mis huesos contra la acera

"La mente crea laberintos de los que no sabe salir"
Rafael Lechowsky

Si se cae la Luna encima de la Tierra y rueda
Si vienen los extraterrestres y nos abducen
Si metes la cabeza en uno de esos agujeros
Si te falta el aire y las paredes se cierran, tus pulmones van a
ser dos folios y el oxígeno una mentira

A días el mar está hueco, a horas me tapo la cara
Aprieto los dientes, muerdo el instante
Me separo del miedo y sin embargo tirito de frío
No dejo de escuchar el infierno, de dónde sale ese ruido
Las olas se me caen encima y toco fondo con los pies descalzos

El silencio es negro, la noche miente
El mar es largo, no demasiado
Sé que los barcos vuelan, la ciudad hay que acunarla
A las doce y cinco hay gatos que se creen mariposa
Algunos ni se saben y otros son una larva blanca de ojo cíclope
El gato viene del huevo
La arena de la playa se ha colado, si miras a la orilla se va a
sonrojar
Una vida o varias caben en un cenicero pequeño
Puedo sujetarte con la palma de la mano cuando no me ves

Punto, nuestro beso
Ángulo, desmedido
Me queman tus labios mudos
Confía
El vértice es ignífugo, es de agua
Nuestro punto es de esa clase de moléculas
Es de esos besos que empapan los apuntes y no puedes estudiar
El ángulo es caer en una película, es locura, amplitud y caos
El vértice no arde, pero puedes romperlo
¿Juegas?

Cómo es posible escuchar el silencio
Yo sé una razón, en él se revuelven los secretos del mundo
Silencio, el recuerdo intrauterino
O no, no lo sé
He tachado algunas partes con permanente para que no suenen,
desactivado notificaciones
El silencio me pertenece
Le dejo subir a mi regazo y le hago caricias
Y él nunca quiere irse, pero otro silencio vendrá a romper mis
tiernas preguntas

Tris za tris ro ta tren como un
La tristeza rota es larga como un tren
Sale opaca en el infierno de la caja de Pandora para ser un
parásito en mi mente
Vamos a París, dos enamorados
La tristeza y yo enganchados de una oreja contándonos te
quieros, sin grises ni margaritas
Ni sí ni no
Sin falta de aire ni suspiros, son tristes te quieros tristes
Piso charcos en los que no se ve nuestro reflejo
Dos enamorados rompiendo en el andén nueve y tres cuartos
La tristeza rota es larga como un tren

Hicimos cosas a pecho descubierto
No tuve miedo a los gemidos ni a los disparos
Luego del día pleno, la noche nos cayó como navaja recién
afilada
Fuimos uno para que el frío no nos devorase
En ese abrazo me dio tiempo a guardar el hueco de tu cuerpo
Hicimos cosas
Si tuve un miedo fue a que volviera a amanecer y tu rostro
entre la niebla no fuera tu rostro
Y tus manos estuvieran arrugadas de repente
Hicimos un beso de mármol

Tus latidos dicen palabras, mi juego favorito es construirlas
Verso a verso, estrofa a poema miles de folios revueltos
Puede que no me atreva a imprimir tanta locura
Mi tetris, mi realidad encriptada
Sabes tú cómo suena el mar en las caracolas
Dónde termina el horizonte o que hay infinitos arcoíris
superpuestos pero la luz incide solo en un punto
Tú sigue latiendo

No hay nadie en los espejos
Indicios de que pronto desaparezco sin chasquidos de dedos
No me angustia, he borrado esa emoción de mi mente
He ido borrando sin pensar mi reflejo y soy un vacío
Un vacío largo como el mar y profundo como el horizonte

Creía que era metálica
Los latidos empezaron a sentirse tan fuerte en su pecho
Tuvo miedo al creerse frágil
Esos latidos podían deformar su coraza o hacerla ensordecer

El amor no caduca, cambia de forma como las olas
Se trata de saber nadar en simbiosis con las corrientes
El amor lo estropeamos a patadas y zarpazos
A gritos y empujones y a silencios que gestan en su útero el
rencor

Eterno color de pelo
Castaño largo como una madeja de lana verde
Las canas rompen la eternidad
Te haces más y menos consciente del tiempo
Eres joven y viejo, un niño perdido en un inmenso parque de
desconocidos
Multitud de zapatos caminan la vida en todas direcciones
Cómo se sabe hacia dónde ir

Corro hacia mí, como si nunca me hubiera visto aun sabiendo
que existía
Voy a abrazarme tan fuerte, ya no tengo miedo de perderme
Nacemos desnudos, condicionados por personas, creencias,
circunstancias
La libertad es cuestión de prueba-error y reflexión
Este otoño soy una de sus hojas, de las que se sueltan y vuelan

Un día yo también me inventaré el significado de las palabras
Como hace mi abuela, como ya empieza hacer mi madre
Entonces tendré 88 y tal vez la suerte de estar volviéndome
joven
Sentirme tantas vidas como colores había en aquel contenedor
"Empatía"
Ese otoño que gané y perdí a mi hermano, cumpliendo un
imposible
Ganar y perder lo que nunca me ha pertenecido

Estoy en el invierno más oscuro
Menos blanco, más sin nieve, más sin ti
Yo sé escribir espejos en caminos con casas deshabitadas,
donde nadie se va a reflejar
Extensos campos de enormes margaritas blancas y días grises
que huelen a silencio
Como taponarse los oídos con los índices y volver a tener cinco
años y medio

Mi madre me llevó a la orilla del mar muchas veces de su mano
Me llevó con sus consejos y su voz sosegada
Me habló del mundo y me permitió empezar a sostener el mío
Mi madre es una madre caracola, si me la pongo en el oído cuando lloro, escucho el sonido de las olas
Mi madre, lo digo tanto porque ella es así de importante, tiene un agujero en el bolsillo de querernos
Por eso siempre cabe un poco más
Así que a mi madre todas las noches le enciendo una estrella que guíe su sueño
Pido al universo que le guarde y le ilumine y si olvido el sonido del mar solo tengo que decir mamá

Poesíame, hazme incansables versos con tu lengua templada
Inventa palabras que digan la locura que hacemos
Que los susurros suenen naranjas y en tus ojos Benedetti me
cuente secretos
Y ahora no me dejes espacios y ahora no quiero comas ni
puntos
Poesíame, grita, baila conmigo nuestra música a lápiz sobre la
piel
Y si te borro un poquito no tengas miedo
Solo quiero jugar a que escribimos una historia diferente
Poesíate y yo te firmo la espalda

ÍNDICE